LE LIVRE O
RECETTES DI
ET PÁTES

CW00555776

50 DÉLICIEUX RECETTE DE
LASAGNES ET PÂTES À FAIRE

DAMIEN LECLERC

© COPYRIGHT 2021 TOUS DROITS RÉSERVÉS
Ce document vise à fournir des informations exactes et fiables sur le sujet et la problématique abordés. La publication est vendue avec l'idée que l'éditeur n'est pas tenu de rendre des services comptables, officiellement autorisés ou autrement qualifiés. Si des conseils juridiques ou professionnels sont nécessaires, une personne ayant exercé la profession doit être mandatée.

Il n'est en aucun cas légal de reproduire, dupliquer ou transmettre toute partie de ce document sous forme électronique ou imprimée. L'enregistrement de cette publication est strictement interdit et tout stockage de ce document n'est autorisé qu'avec l'autorisation écrite de l'éditeur. Tous les droits sont réservés.

Avertissement de non-responsabilité, les informations contenues dans ce livre sont véridiques et complètes au meilleur de notre connaissance. Toute recommandation est faite sans garantie de la part de l'auteur ou de l'édition de l'histoire. L'auteur et l'éditeur déclinent toute responsabilité quant à l'utilisation de ces informations

Table des matières

3

INTRODUCTION

Les lasagnes sont probablement l'une des plus anciennes formes de pâtes. Les anciens Romains mangeaient un plat connu sous le nom de « lasana » ou « lasanum » qui aurait été similaire aux lasagnes al forno d'aujourd'hui (lasagnes cuites au four). Il s'agissait d'une fine feuille de pâte à base de farine de blé, qui était cuite au four ou directement sur le feu. Certains historiens de l'alimentation pensent que ces pâtes sont encore plus anciennes, affirmant que le mot vient à l'origine du mot grec ancien laganon et a été «emprunté» par les Romains. Dans les deux cas, les mots originaux faisaient référence à une marmite et finalement le plat a été nommé d'après la « marmite » dans laquelle il a été préparé.

Au Moyen Âge, les lasagnes cuites au four sont devenues si répandues que de nombreux poètes et écrivains italiens l'ont mentionné dans leurs écrits. De nombreuses recettes à partir du Moyen Âge décrivent un plat plus semblable à celui que nous connaissons aujourd'hui, qui comportait des couches de feuilles de pâtes cuites avec de la viande et/ou du fromage entre elles. Cependant, ce n'est que lorsque les tomates ont commencé à être utilisées dans la cuisine italienne vers 1800 que les lasagnes al forno ont commencé à ressembler davantage au plat que beaucoup d'entre nous appellent « lasagnes ».

1. PÂTES AU PESTO DE TOMATES

Ingrédients

- 1g de poivre
- 1g de sel
- 100 ml d'eau
- 25 g de pesto ai Pomodori Secchi
- 100 g de pâtes complètes
- 15g de parmesan

préparation

1. Cuire d'abord les pâtes dans suffisamment d'eau salée jusqu'à ce qu'elles soient al dente.

2. Étaler le pesto de tomates séchées sur les pâtes.

3. Servir les pâtes avec du pesto de tomates avec du parmesan et du poivre fraîchement râpé.

2. HUITLACOCHE ET LASAGNE AUX ÉPINARDS AVEC PÂTES FRAÎCHES

Ingrédients

- 250 grammes de pâtes fraîches en feuilles
- 500 grammes huitlacoche cuit
- 100 ml de crème

- 200 grammes de fromage
- 100 grammes d'épinards

Pas

1. Procurez-vous un réfractaire adapté pour aller au four et préparez tous vos ingrédients pour assembler les lasagnes
2. Assembler les lasagnes en mettant un peu de crème sur la base, les pâtes, le huitlacoche, la crème, le fromage et les épinards en alternant dans l'ordre souhaité en créant des couches
3. Terminer par la crème et le fromage à gratiner à l'entrée du four
4. Cuire au four à 180 degrés Celsius pendant 20 à 25 minutes ou jusqu'à ce que le fromage soit gratiné et doré.

Ingrédients

- 600 g de tomates cerises
- 1 oignon rouge
- 2 gousses d'ail
- 200g de féta
- 1 cuillère à soupe d'huile d'olive
- sel
- poivre
- 1 pincée de thym séché
- 1 pincée d'origan séché
- 1 pincée de flocons de piment
- 400 g de spaghettis de blé entier
- 2 poignées de basilic

Étapes de préparation

1. Nettoyez et lavez les tomates et coupez-les en deux si nécessaire. Épluchez les oignons,

coupez-les en deux et coupez-les en fines lamelles. Pelez et émincez l'ail. Mettez les légumes dans un plat allant au four et la feta au milieu. Arrosez le tout d'huile d'olive, sel, poivre et épices.

2. Cuire au four préchauffé à 200°C (chaleur tournante 180°C, gaz : niveau 3) pendant 30-35 minutes.

3. Pendant ce temps, suivez les instructions du paquet pour cuire les pâtes dans de l'eau bouillante salée. Lavez le basilic, secouez-le pour le sécher et arrachez les feuilles.

4. Égoutter les pâtes et les égoutter. Sortez la feta et les légumes du four, hachez-les grossièrement à la fourchette et mélangez. Mettre les pâtes et $1\frac{1}{2}$ poignée de basilic dans un plat allant au four, bien mélanger le tout et répartir dans 4 assiettes. Servir avec les feuilles de basilic restantes.

Ingrédients

- 50 g de lentilles beluga
- 1 échalote
- 1 gousse d'ail
- 1 carotte
- 1 courgette
- 2 cuillères à soupe d'huile d'olive
- $\frac{1}{2}$ cuillère à café de pâte d'harissa
- 200 g de tomates en morceaux (boîte)
- sel
- poivre
- 1 branche de thym
- 250 g de pâtes de blé entier (spirelli)
- 200g de tomates cerises
- 50g de féta

Étapes de préparation

1. Cuire les lentilles dans deux fois plus d'eau bouillante pendant 25 minutes jusqu'à ce qu'elles soient tendres. Puis égoutter et égoutter.
2. Pendant ce temps, épluchez et hachez l'échalote et l'ail. Nettoyez les carottes et les courgettes et coupez-les en petits morceaux.
3. Faites chauffer l'huile dans une poêle et faites revenir l'échalote et l'ail à feu moyen pendant 3 minutes, puis ajoutez les carottes, les courgettes et la pâte de harissa et faites revenir pendant 5 minutes. Ajouter ensuite les tomates et cuire à feu doux encore 4 minutes. Lavez le thym, secouez pour le sécher et tapotez les feuilles. Assaisonner la sauce avec du sel, du poivre et du thym.
4. Simultanément, suivez les instructions sur l'emballage et faites cuire les pâtes dans une grande quantité d'eau bouillante salée pendant 8 minutes. Puis égoutter et égoutter. Assaisonner les lentilles finies avec du sel et du poivre. Laver les tomates et les diviser en 4 parts égales. Écraser la feta.

5. Mettez les pâtes dans un bol, versez la sauce aux lentilles et tomates, saupoudrez de feta et dégustez.

5. LASAGNE DE PÂTES SÈCHES

Ingrédients

- 1 paquet de nouilles au coude
- 200 grammes de jambon cuit
- 100 grammes de fromage machine
- c/n mozzarella
- ketchup
- 1 paquet d'épinards
- 1 oignon
- 1/2 Aji morron

Pas

1. Faire bouillir le sachet coudé pendant le temps indiqué sur le sachet, égoutter, réserver
2. Mettre la moitié des nouilles dans un plat allant au four dans lequel on met un filet d'huile, du jambon cuit dessus
3. Laver, hacher, faire revenir l'oignon avec le poivron et les feuilles d'épinards hachées jusqu'à réduction - mettre la moitié sur le jambon cuit - déposer une couche de fromage machine et le reste des épinards
4. Garnir du jambon cuit et des nouilles restantes, terminer par la mozzarella
5. Couvrir de sauce - mettre dans un four préchauffé à env. 20 '25' - cela dépend de chaque four
6. Photo de l'étape 5 de la recette de lasagne aux pâtes sèches
7. Éteindre le four, laisser quelques minutes dans la cuisine, apporter à table, couper en portions
8. Servir avec plus de sauce tomate et de fromage râpé (facultatif)

6. LASAGNE SANS PÂTES

Ingrédients

- 1/2 oignon finement haché
- 2 dents Ail
- 1/2 kilo de boeuf haché
- 8 piments poblano rôtis, pelés et pelés
- 12 champignons frais
- 3 courgettes
- 1 sachet d'épinards frais
- 1 fromage de chèvre
- c / n fromage Chihuahua
- 1 boîte de pâte de tomate
- au goût Sel
- au goût Poivre
- au goût de persil séché
- goûter le thym

Pas

1. Mettez la viande à cuire dans une poêle avec un peu d'huile d'olive, ajoutez l'oignon et l'ail finement haché...

2. ... hacher les champignons et les ajouter à la poêle et ajouter les assaisonnements, ajouter la pâte de tomate ...

3. ... avec un épluche pomme de terre : coupez les courgettes en rondelles et réservez, nettoyez les piments poblano, râpez le chihuahua et la chèvre coupez-le en petits morceaux, nettoyez les feuilles d'épinards...

4. ... retirer les queues du piment et les couper en forme de feuille ...

5. Lorsque la viande est cuite; Un lit de piment poblano est placé dans un plat allant au four, puis le ragoût de bœuf, puis un peu de chèvre, puis des épinards, un autre lit de chihuahua, une couche de tranches de courgettes, un lit de ragoût de bœuf... ...

6. ... Mettre un lit de tout ...

7. ... répéter jusqu'à la fin avec les courgettes et à la fin mettre le fromage ...

8. ..... mettre au four 15 min à 160°C ou 8 min au micro-onde.... prêt !!!!!

Ingrédients

- 1 gousse d'ail
- 2 carottes
- 3 cuillères à soupe d'huile d'olive
- ½ cuillère à café de cumin
- 1 pincée de poivre de cayenne
- 200 g de tomates en morceaux (boîte)
- 50 ml de crème de soja
- sel
- poivre
- romarin séché
- 250 g de pâtes de blé entier (penne)
- 100g de pois chiches
- ½ cuillère à café de curcuma en poudre
- 1 cc de sésame
- 1 poignée de roquette

Étapes de préparation

1. Peler et hacher l'ail. Nettoyez, lavez et émincez la carotte.

2. Faites chauffer 2 cuillères à soupe d'huile dans une casserole, faites-y revenir l'ail et les carottes pendant 5 minutes à feu moyen, puis ajoutez le cumin, le piment de Cayenne et les tomates et laissez cuire encore 4 minutes à feu doux. Ajouter la crème de soja et assaisonner la sauce avec du sel, du poivre et du romarin.

3. Dans le même temps, faites cuire les pâtes dans une grande quantité d'eau bouillante salée pendant 8 minutes selon les instructions sur l'emballage. Puis égouttez l'eau et égouttez l'eau.

4. Pour cuire les pois chiches, chauffer le reste de l'huile dans une poêle, ajouter les pois chiches, le curcuma, les graines de sésame et faire revenir 4 minutes à feu moyen. Assaisonnez avec du sel et du poivre. Laver la roquette et la secouer pour la sécher.

5. Répartir les pâtes dans des bols, napper de sauce aux pois chiches et servir avec de la roquette.

8. LASAGNE AUX NOUILLES (PÂTES) NŒUDS PAPILLON ET SPIRALES

Ingrédients

- 350 grammes de viande hachée ou hachée
- 1 paquet de nouilles noeud papillon
- 1/2 paquet de nouilles en spirale
- 1 oignon
- 1 carotte
- 2 enveloppes sauce tomate
- 10 feuilles de fromage

Pas

1. Dans une poêle faire cuire la viande avec l'oignon, la carotte et les assaisonnements, puis ajouter la sauce tomate, comme une sorte de sauce bolognaise
2. Photo de l'étape 1 de la recette Lasagne nouilles (pâtes) noeuds papillon et spirales.

3. Dans une casserole, faire cuire les nœuds papillon avec les spirales dans beaucoup d'eau et ajouter quelques feuilles de laurier, quand c'est prêt, verser l'eau et réserver les pâtes, pour l'utiliser plus tard.
4. Dans un grand plat allant au four mettez une grande quantité de nouilles, puis un peu de fromage et ajoutez la sauce qui couvrira toutes les pâtes jusqu'au fond, puis remettez une fine couche de nouilles.
5. Mettez une couche de fromage pour finir et enfournez 15 minutes, laissez reposer 5 minutes et prêt à servir !

9. Casserole de nouilles végétarienne

Ingrédients

- 400 g de pâtes de blé entier egb macaroni
- sel
- 1 perche poireau
- 200g de brocoli
- 1 poivron rouge
- 100g de tomates séchées
- 4 œufs
- 100 ml de lait (3,5% de matière grasse)
- 100 g de crème fraîche
- 100 g de fromage râpé (ex. Emmental, gouda)
- poivre
- Noix de muscade

Étapes de préparation

1. Dans de l'eau salée, faire bouillir les macaronis jusqu'à ce qu'ils soient fermes à croquer, égoutter et égoutter. Le poireau est lavé et nettoyé, puis coupé en rondelles. Réserver 1 poignée de rondelles de poireau pour la décoration. Lavez le brocoli, séparez les bouquets, coupez la tige en dés et épluchez-la. Cuire (blanchir) ensemble 2-3 minutes dans l'eau salée. Trempez et vidangez le puits. Les poivrons doivent être lavés et nettoyés et coupés en petits morceaux. Couper en lanières avec les tomates.

2. Mélanger les œufs avec le lait, la crème fraîche et la moitié du fromage. Assaisonner avec du sel, du poivre et de la muscade.

3. Mélanger le brocoli, le poireau, les poivrons et les tomates avec les pâtes et les placer dans quatre plats à four individuels (ou un grand plat allant au four). Versez sur l'œuf-lait, saupoudrez du reste de fromage et enfournez dans un four préchauffé à 180°C (four ventilé : 160°C ; gaz : niveau 2-3) jusqu'à ce qu'il soit doré pendant environ 30

minutes. Servir avec le poireau restant parsemé.

10. LASAGNE AUX ÉPINARDS, RICOTTA, JAMBON ET MOZZARELLA (PÂTES MATARAZZO)

Ingrédients

- Nouilles de lasagne Matarazzo - J'ai utilisé sans pré-hydratation
- Épinard
- Ricotta
- Jambon cuit
- Mozzarella ou fromage râpé ou frais.
- Crème de lait
- Sauce tomate... (Ou purée de tomates)

- Sel, assaisonnements au goût

Pas

1. Mélangez des épinards cuits égouttés... et de la ricotta... sel, poivre, muscade... vous pouvez mettre un oeuf... je mange de la ricotta commune... pas la maigre... je n'ai pas rajouté... c'était crémeux et la garniture s'est réunie ...

2. Dans un plat... dans mon cas un verre rectangulaire en pyrex... mettre de la sauce tomate (j'ai utilisé la purée de tomates comme dans la boite)... un filet de crème (j'utilise la légère pour la cuisson)... couvrir comme ça au fond de la fontaine...

3. Ensuite mettez les assiettes de nouilles lasagnes comme elles viennent dans la boite... (si ce sont les pâtes qu'elles doivent hydrater... elles devraient les mettre avant pour hydrater comme il est dit sur la boite !)... dans mon cas. .. utiliser le sans hydrater ... et super !! ... hyper pratique !

4. Mettre une couche de garniture à la ricotta et aux épinards... (diviser la garniture en 2... il y a 2 couches de garniture)

5. Par dessus la garniture...disposez quelques tranches de jambon cuit...et par dessus de la mozzarella râpée...si vous n'avez pas de

mozzarella...ajoutez du fromage râpé...ou du fromage frais...

6. Puis un autre capable des nouilles (les assiettes de lasagne) ... et une autre couche de garniture à la ricotta et aux épinards ... sur encore du jambon ... puis de la mozzarella râpée ou du fromage que vous utilisez ...

11. CASSEROLE DE PÂTES ET CHOU-FLEUR AU TOFU

Ingrédients

- 1 petit chou-fleur
- sel
- 200g de tofu fumé
- 1 cc d'huile végétale
- 400 g de nouilles vertes en ruban
- 1 tomate
- 150 g de fromage végétalien râpé
- huile végétale pour le moule
- 50 g de margarine végétalienne
- 2 cuillères à soupe de farine
- 250 ml de crème de soja

- 120 ml de bouillon de légumes
- poivre du moulin
- muscade fraîchement râpée

Étapes de préparation

1. Le chou-fleur est lavé et coupé en bouquets. Pendant environ 3 minutes, blanchir dans de l'eau salée. Ramassez-le, rincez-le à l'eau froide et égouttez-le. Couper le tofu en petits cubes et les faire frire jusqu'à ce qu'ils brunissent dans l'huile chaude. Retirer et réserver ensuite.

2. Dans de l'eau bouillante salée, cuire les pâtes et égoutter 1 à 2 minutes avant la fin de la cuisson, puis rincer à l'eau froide et égoutter. La tomate est lavée, la tige est retirée et coupée en tranches. Râpez grossièrement votre fromage.

3. Préchauffer le four à une température supérieure et inférieure de 200°C. Beurrer le plat allant au four.Chauffer la margarine dans une casserole, incorporer la farine, faire frire jusqu'à ce qu'elle soit dorée à feu doux en remuant. Ajouter lentement la crème avec le bouillon de légumes en remuant et porter à ébullition. Assaisonner

avec du sel, du poivre et de la muscade. Étalez la pâte avec le tofu et les fleurons de chou-fleur dans le plat allant au four et placez les tranches de tomates par-dessus. Versez la sauce dessus et saupoudrez de fromage. Faites gratiner au four préchauffé pendant environ 20 minutes.

12.   LASAGNE AU THON AVEC PÂTES MAISON

Ingrédients

- 3 oeufs
- Sel et un filet d'huile

Farci:

- Sauce tomate, oignon frit, poireau, ail, poivrons
- julienne et une betterave râpée, thon, olives, fromage,
- origan, crème et beurre

Pas

1. On fait bien les pâtes en mélangeant, on les laisse reposer un quart d'heure à couvert.
2. Nous faisons de la sauce tomate comme nous rêvons de la faire.
3. Je n'ai pas fait la sauce avec de l'huile mais avec un peu d'eau et de sel. Une fois frit, je l'ai égoutté et mélangé avec la sauce tomate, le thon et les olives.
4. Nous coupons les pâtes en trois morceaux et les étirons jusqu'à ce qu'elles soient aussi fines que possible.
5. L'assemblage est : un peu du mélange de sofrito, pâtes, sofrito, crème, pâtes sofrito, crème, pâtes, sofrito, crème, fromage râpé, origan et quelques petits monticules de beurre.
6. On le met au four je ne connais pas la température car je l'ai fait dans un four à bois et on le laisse jusqu'à ce qu'on voit que le fromage fond.

13. PÂTES À LASAGNES AVEC CROQUETTES DE TORTILLAS AUX CALÇOTS ET JAMBON

Ingrédients

- 800 grammes. Pâtes de croquettes de calçots au jambon serrano
- 500 ml. Crème de carottes
- 100g. Jambon Serrano en tacos
- Poudre d'origan
- Huile d'olive
- Fromage râpé
- 9 lasagnes lames

Cuisiner:

- 3 litres d'eau
- 10 grammes De sel
- 1 grosse boule d'huile d'olive

Pas

1. Ce sont les deux restes. D'une part les pâtes croquettes et d'autre part la crème de carottes parfumée au thym. Faire bouillir 3 litres d'eau salée. Quand il commence à bouillir, ajoutez une cuillère à soupe d'huile d'olive et les feuilles de lasagne. Remuez légèrement et doucement pour qu'ils ne collent pas. Cuire 12 à 15 minutes. Retirez-les avec une écumoire et plongez-les dans l'eau froide pendant 40 secondes. Égoutter sur un linge propre.

2. Déposer un fond de crème de carottes arrosé d'huile d'olive et d'origan séché et poser dessus les deux feuilles de lasagne. Sur le dessus, nous allons placer la pâte à croquettes à laquelle nous avons ajouté 100 g supplémentaires de jambon Serrano.

3. Renouveler l'opération, pour compléter 2 hauteurs. Étaler la crème de carottes dessus et saupoudrer d'origan.

4. Ajouter le fromage râpé et mettre au four préchauffé. D'abord à mi-hauteur pour réchauffer le tout puis en haut pour gratiner le fromage.

5. 2 plateaux sont sortis. 1 avec 6 feuilles et l'autre avec 3 feuilles. Prendre plaisir

14. LASAGNE DE PÂTES AUX REQUINS

Ingrédients

- 200 grammes de pâtes au requin
- 400 grammes de hachis
- 1 tranche de poivron rouge
- 1 oignon
- 1 dent d'ail potelé
- 2 cuillères à soupe de farine de blé
- 400 ml de lait chaud
- 3 cuillères à soupe de beurre
- au goût Sel
- 2 cuillères à soupe d'huile d'olive extra vierge
- 1 verre de vin blanc
- Tomate frite

Pas

1. Couper le poivron et l'oignon en petits morceaux. Écraser l'ail.
2. Dans une poêle mettre l'huile d'olive extra vierge, l'oignon, le poivre et l'ail. Faire une sauce. Ajouter la viande hachée. Bien mélanger. Ajouter le sel, le vin blanc, frit. Laissez faire.
3. Pendant que la viande cuit, cuire les pâtes.
4. Dans une casserole mettre le beurre, une fois fondu ajouter la farine, remuer jusqu'à obtention d'un mélange homogène sans grumeaux. Ajouter le sel, la muscade et le lait chaud. Bien mélanger.
5. Verser une partie de la béchamel dans un plat allant au four.
6. Égoutter les pâtes une fois qu'elles sont prêtes.
7. Ajouter les pâtes sur la sauce béchamel.
8. Ajouter la viande
9. Ajouter le reste de béchamel
10. Mettez du fromage au goût.
11. Servez et partez

13. CASSEROLE DE PÂTES ET DE CHOU

Ingrédients

- 500 g de pâtes de blé entier (farfalle)
- sel
- 2 carottes
- 500 g de chou pointu (environ 1/4 de chou pointu)
- 2 cuillères à soupe de beurre
- 3 cuillères à soupe d'huile d'olive
- 150 ml de bouillon de légumes
- poivre
- 100g de mozzarella râpée
- 2 tiges de basilic pour la garniture

Étapes de préparation

1. Cuire les pâtes de blé entier dans une grande quantité d'eau bouillante salée selon les instructions du paquet. Égoutter et égoutter.

2. Pendant ce temps, épluchez les carottes et coupez-les en fines tranches. Nettoyez le chou pointu, coupez-le en petits morceaux et lavez-le dans une passoire.

3. Faites chauffer le beurre et l'huile d'olive dans une poêle, faites-y revenir le chou pointu et les carottes. Déglacer avec le bouillon, saler, poivrer et cuire à feu moyen jusqu'à ébullition. Remuez de temps en temps.

4. Mélanger les Farfalle avec les légumes et étaler dans un plat allant au four. Saupoudrer de fromage sur le dessus et faire griller dans un four préchauffé à 180°C (chaleur tournante 160°C ; gaz : niveau 2-3) pendant 15-20 minutes. Garnir de basilic.

16. RICOTTAPÂTES STYLE LASAGNE

Ingrédients

- Pâtes Penne Rigote
- Le bœuf haché
- sauce pour pâtes
- Beurre
- farine
- lait
- fromage mozzarella
- Parmesan
- Oeuf
- sel à l'ail
- Poivre

Pas

1. Penne Rigote cuisson des pâtes (500grms)
2. Mijoter 500 grammes d'assaisonnement de viande hachée avec du poivre, du bouillon de poulet, du sel d'oignon et du sel d'ail au goût
3. Préparez une sauce avec deux cuillères à soupe de beurre salé, une cuillère à soupe de farine et 3 tasses de lait, faites chauffer à feu doux jusqu'à ce que la sauce épaississe
4. Verser 3 œufs brouillés sur les pâtes et bien couvrir.
5. Mettre les pâtes dans un bol et couvrir de sauce pour pâtes (peut être faite avec de la purée de tomates et de l'origan)
6. Mettre le lit de boeuf haché, recouvrir de sauce blanche et saupoudrer de mozzarella et de parmesan. Cuire au four pendant 30 minutes.
7. Servir la portion et garnir de coriandre ou de persil et déguster!

17. LASAGNE AUX PÂTES MATARAZZO PRÊTES

Ingrédients

- 250 g de pâtes prêtes pour lasagne Matarazzo
- 500g d'épinards
- 400g de ricotta
- 300 g de hachis
- 200 g de jambon cuit en tranches
- 200 g de fromage dambo en tranches
- 4 oignons moyens
- 2 boîtes de tomate experte pour la sauce
- 200g de crème de lait
- 100 g de fromage Reggiano à râper

Pas

1. Faire tremper la pâte de matarazzo comme indiqué sur la boîte et allumer le four au minimum.

2. Faire revenir un demi oignon, ajouter les épinards (préalablement bouillis) et la ricotta. Assaisonnez avec du sel et du poivre.

3. Dans une autre poêle, faire revenir un demi-oignon, ajouter la viande et cuire. Assaisonnez avec du sel et du poivre.

4. Faire une sauce tomate dans une grande poêle avec les deux boites de perita tomate et les deux oignons restants. Vous pouvez également ajouter un piment si vous le souhaitez.

5. Faire une couche de pâtes matarazzo prêtes, ajouter dessus la préparation aux épinards, recouvrir de sauce tomate et de crème.

6. Ajouter une autre couche de pâtes, le jambon cuit, le bâton de fromage et recouvrir à nouveau de sauce tomate et de crème.

7. Ajouter une autre couche de pâtes, et la préparation de viande avec la sauce tomate et la crème.

8. Couvrir avec la dernière couche de pâtes, et sur le dessus avec le reste de la sauce tomate et de la crème. Râpez les 100g de fromage reggianito sur le dessus.

9. Enfin, mettez au four pendant au moins 20 minutes. Laisser refroidir un peu avant de servir. Pour 6 à 10 grandes portions.

18. LASAGNE AUX LÉGUMES AVEC PÂTES FRAÎCHES

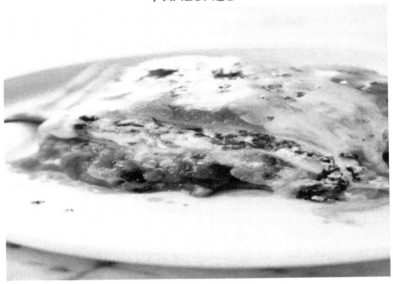

Ingrédients

Pâtes fraîches:

- 300g de farine
- 3 oeufs
- une pincée de sel

Légume:

- Un morceau de poivre vert

- 1 carotte
- 1 tranche de poivron rouge
- 1 oignon de printemps
- 1 poireau
- 1 aubergine
- 1 courgette
- 150g de champignons
- Ail 3 dents
- Mélange de fromage râpé 4 fromages
- poivre, sel et gingembre séché

Pas

1. Coupez les légumes et pochez bien, ajoutez du poivre, du sel et du gingembre au goût et réservez.
2. On pétrit la pâte et on la passe plusieurs fois dans la machine pour qu'elle soit finie.
3. Et puis nous recouvrons le fond de la casserole avec les légumes et saupoudrons de fromage râpé, recouvrons de pâtes, et ainsi de suite en plusieurs couches.
4. Nous faisons une béchamel, saupoudrons de fromage, mettons au four préchauffé, jusqu'à ce que le fromage fonde et brunisse (cela dépend de chaque four).
5. Et il ne reste plus qu'à dresser et déguster ce merveilleux plat.

19. Casserole de Pâtes et Pommes de Terre aux Oignons

Ingrédients

- 600g de pommes de terre
- 300 g de nouilles croissants
- 2 cuillères à soupe de persil haché
- 50g de beurre fondu
- sel
- poivre
- Pour verser dessus
- 400 ml de lait (remplacez 200 ml par de la crème si vous le souhaitez)
- 4 œufs
- 100 g d'Emmental râpé finement

- 2 oignons au choix
- 4 cuillères à soupe de beurre clarifié
- 50 g d'Emmental donné

Étapes de préparation

1. Les pommes de terre sont épluchées, coupées en bouchées et cuites dans beaucoup d'eau salée pendant 20 minutes. En suivant les instructions sur l'emballage, faites cuire les pâtes dans une grande quantité d'eau salée.

2. Pendant ce temps, fouettez le mélange avec les œufs. Assaisonner le lait avec du sel, du poivre et de la muscade et ajouter le fromage au mélange. Versez-en la moitié dans un plat à cuire. Bien égoutter et égoutter les pommes de terre et les pâtes, mélanger dans un bol avec le persil et le beurre, verser dans le plat allant au four, verser le reste du lait d'œuf et couvrir de papier d'aluminium. Cuire à 200° pendant env. dans le four préchauffé. Pendant trente minutes.

3. Pendant ce temps, épluchez les oignons, coupez-les en fines rondelles et faites-les revenir jusqu'à ce qu'ils soient dorés

dans le beurre clarifié. A la sortie du four, sortez la cocotte finie, couvrez, saupoudrez de fromage et servez avec les oignons garnis.

20. PLAT DE PÂTES ET FROMAGE AUX POIREAUX

Ingrédients

- 25 g de cerneaux de noix (1 poignée)
- 200 g de pâtes de blé entier (linguine)
- sel
- 1 perche poireau

- 1 oignon
- 250 g de filet de poulet
- 15 g de beurre (1 cuillère à soupe)
- 200 g de crème à cuisiner (15% de matière grasse)
- poivre
- 1 cuillère à café de marjolaine séchée
- 100 g de fromage bleu (30% de matière grasse sur matière sèche)

Étapes de préparation

1. Hacher grossièrement les noix et les faire revenir dans une poêle chaude sans matière grasse à feu moyen pendant 3 minutes. Retirer et mettre de côté. Cuire les pâtes dans une grande quantité d'eau salée selon les instructions du paquet jusqu'à ce qu'elles soient fermes à croquer. Puis égoutter et égoutter.

2. Pendant que les nouilles cuisent, nettoyez le poireau, fendez-le dans le sens de la longueur et lavez-le soigneusement sous l'eau froide courante, également entre les feuilles. Séchez et coupez le tout en fines rondelles. Pelez l'oignon et hachez-le finement.

3. Lavez la poitrine de poulet, essuyez-la et coupez-la en lanières. Faites chauffer le beurre dans une grande poêle. Ajouter la viande et faire revenir à feu vif pendant environ 3 minutes. Ajouter l'oignon et faire revenir 2 minutes à feu moyen. Ajouter le poireau à la viande et cuire à couvert pendant 2-3 minutes.

4. Verser la crème de cuisson, incorporer les pâtes et assaisonner le tout avec du sel, du poivre et de la marjolaine. Couper le fromage en petits morceaux, verser sur les pâtes et servir sur des assiettes avec des noix.

21. LASAGNE MIXTE (POULET, VIANDE ET LÉGUMES)

Ingrédients

- 1 poitrine de volaille
- 1 livre de boeuf haché
- 1 botte de blettes
- Ail, sel, paprika, salsina
- 1 enveloppe sauce béchamel
- 1 enveloppe de sauce bolognaise
- 1 boîte de pâtes à lasagne
- 1/2 livre de fromage concassé
- 1/2 livre de parmesan
- Origan
- Moules à lasagnes

Pas

1. Cuire la poitrine avec ail, sel et paprika

2. Hacher et cuire les blettes avec la sauce
3. Cuire légèrement le boeuf haché avec des épices, du sel et du paprika.
4. Faire revenir la viande jusqu'à ce qu'elle soit dorée.
5. Préparer la sauce béchamel
6. Préparer la sauce bolognaise
7. Mélanger la sauce bolognaise avec la viande cuire 3 minutes à feu moyen
8. Émiettez le pecuga
9. Beurrez les récipients et superposez les pâtes, le fromage, la viande, le poulet et les légumes un par étage, finis avec du parmesan et de l'origan.
10. Construisez les sols à votre goût
11. Couvrir de papier aluminium et cuire au four préchauffé à 180° pendant 15 à 20 min.

22. LASAGNE AVEC SAUCE CARBONARA, CHAMPIGNONS ET POULET EFFILOCHÉ

Ingrédients

- 1/2 poitrine de poulet
- 1 enveloppe sauce carbonara
- 3 tasses de lait entier
- 125 grammes de champignons
- 250 grammes de lasagne
- 250 grammes de mozzarella
- 1 cube de soupe au poulet
- 1 cuillère à soupe de coriandre en poudre
- deux coquilles de four en aluminium

Pas

1. La poitrine de poulet est cuite avec de l'eau et le cube de bouillon de volaille. pendant 15 minutes jusqu'à ce que vous voyiez qu'il est déjà cuit à l'intérieur et à l'extérieur. Il est

retiré de la marmite et du bouillon -Il peut être conservé pour une autre recette-. Le poulet est effiloché et réservé.

2. Dans un bol à large ouverture, mettre de l'eau, du sel et 1 cuillère à soupe d'huile à chauffer pour cuire les lasagnes et pouvoir les fendre plus facilement. Depuis un moment pas plus..... et on les pose sur un plateau un à un sans coller...

3. Les champignons avec 1 cuillère à soupe de beurre et de sel sont mis à cuire un peu.

4. Dans une autre casserole dans 3 tasses de lait entier, bien mélanger la sauce carbonara à température ambiante et la mettre sur le feu jusqu'à ébullition et épaissir et ajouter la poudre de coriandre.

5. Déjà! Tout est prêt et cuit : assemblez maintenant les lasagnes comme suit : Chaque coca est graissée avec du beurre sur toutes les faces, une pâte sauce carbonara coupée en deux, puis du fromage, le poulet effiloché, une autre pâte, sauce carbonara, champignons, pâtes, fromage, sauce carbonara, poulet et ainsi de suite .. Jusqu'à ce que ce soit fait.

23. LASAGNE AUX AUBERGINES

Ingrédients

- deux auberges
- 1 livre de boeuf haché
- 2 tasses de sauce béchamel au chou-fleur
- 2 tasses de pâte de tomate
- 250 grammes de fromage

Pas

1. Coupez les aubergines en rondelles et mettez-les dans de l'eau salée pendant 20 minutes, puis sortez-les, séchez-les et faites-les griller des deux côtés pendant 3 minutes.

2. Une fois les aubergines rôties, préparez les lasagnes. Mettez une couche de chou-fleur sauce béchamel, tranches d'aubergine, concentré de tomate, viande, j'ai laissé et encore des tranches d'aubergine. Continuez jusqu'à ce que les ingrédients soient finis, terminez par le fromage.
3. Préparez les lasagnes, mettez au four pendant 20 minutes. Préparez, servez et dégustez.

24. LASAGNE MIXTE

Ingrédients

- 500 grains de pâtes pour lasagnes
- 600 grammes de poitrine désossée
- 600 grammes de fromage à la crème

- 3 feuilles de laurier
- 1 / 2 Oignon
- Sel et poivre
- 3 oeufs

Pour la sauce bolognaise

- 1 carotte
- 2 dents Ail
- 1 oignon
- 300 grammes de tomates
- 1 tasse de vin rouge
- Pour la béchamel
- 80 grammes de farine de blé
- 1/2 tasse de lait
- 30 grammes de beurre
- 2 tasses de soupe au poulet

Pas

1. Mettre la poitrine de poulet à cuire, avec l'oignon, le laurier, sel et poivre au goût
2. Déchiqueter le poulet et passer le bouillon à la passoire, placer le bouillon sur feu doux, tout en préparant un roux léger, ajouter le lait au bouillon et mélanger le roux constamment, au fur et à mesure qu'il épaissit, ajouter le poulet.
3. Dans une poêle, faire revenir l'ail, puis ajouter l'oignon en cubes, le céleri en cubes,

la carotte en cubes, ajouter le vin et laisser évaporer une fois cette sauce ajoute la viande et les tomates et cuire. Rectifier le sel et ajouter la couleur et le cumin.

4. Râper le fromage et dans un bol battre les oeufs

5. Dans le moule, placez une couche de pâtes, une couche de poulet et de fromage, une couche de pâtes et une couche de carbonara, et une couche de pâtes Ana, du fromage abondant et des œufs. Cuire 20 minutes à 180 degrés.

25. POÊLÉE DE LASAGNES AU POULET

Ingrédients

- Pâtes à lasagnes

- Épinard
- Tomates déshydratées
- Soupe au poulet
- 1/3 tasse de lait entier ou de crème épaisse
- Si vous utilisez du lait entier 1 cuillère à soupe de farine de blé
- au goût Sel et poivre
- 2 dents d'ail écrasé
- Parmesan
- Fromage mozarella

Pour le poulet

- Poitrine de poulet
- Paprika
- au goût Sel et poivre
- Origan séché
- 1/2 cuillère à soupe de jus de citron

Pas

1. Dans une poêle préchauffée, nous ajoutons de l'huile d'olive, puis ajoutons la poitrine de poulet en dés, ainsi que le paprika, le sel et le poivre, l'origan et le jus de citron. Laisser cuire à feu doux jusqu'à ce que le poulet soit doré des deux côtés.

2. Dans une autre casserole nous allons ajouter l'huile d'olive et quand elle est chaude, nous ajouterons les épinards et l'ail, lorsque l'ail

prend de la couleur, nous ajouterons les tomates séchées et quelques secondes plus tard, nous ajouterons le bouillon de poulet , sel et poivre et le lait ou la crème de lait, bien mélanger le tout jusqu'à ce que tout soit intégré et il sera temps d'ajouter les pâtes à lasagne coupées en morceaux, couvrir la casserole et laisser cuire à feu doux et une fois c'est fait, on ajoute le fromage mozarella.

3. Lorsque le fromage mozzarella est fondu, il est temps de servir. Dans une assiette creuse, nous mettons le mélange de pâtes et de crème, nous ajoutons le poulet en cubes et enfin nous ajoutons le parmesan.

26. LASAGNE DE POLLO, A LA TAZA ...!

Ingrédients

Pour le remplissage:

- 1 tasse de poitrine cuite, râpée
- 3/4 tasse de sauce rouge
- 1 cuillère à café pâte d'ail
- 50 grammes de mozzarella râpée
- goûter l'origan
- 3 feuilles de lasagnes ondulées
- Sauce rouge dans mon livre de cuisine
- au goût de la Mozzarella
- Origan
- Huile d'olive

Pas

1. Cuire la poitrine, la râper, râper la mozzarella, mélanger le fromage, le poulet, la pâte d'ail et la sauce pour pâtes rouge, dans mon livre de recettes à l'origan, réserver. Cuire les pâtes al dente. Assemblez les rouleaux : placez une feuille de pâtes, remplissez-la de poulet...
2. Placez une autre feuille, remplissez et couvrez, roulez fermement.
3. Tout comme il est apprécié. Prenez une tasse allant au micro-ondes et placez simplement le rouleau de lasagne. Vernissez avec un peu

d'huile d'olive, ajoutez de la mozzarella râpée, de la sauce rouge, de l'origan...

4. Mettez le rouleau dans la tasse, ajoutez la sauce rouge, la mozzarella, l'origan et la menthe poivrée au goût...

5. Micro-ondes pendant 3 minutes et le tour est joué...! Retourner la tasse sur une assiette, 2 coups pour faire tomber la lasagne et déguster, si facile, si vite, c'est un bonheur, dans ma cuisine pour qu'ils puissent l'essayer chez eux.

27. LASAGNE COURGETTES ET TOMATES

Ingrédients

- 16 feuilles de pâtes à lasagne

- 3 courgettes
- 4 tomates
- 1 oignon
- 3 tasses de sauce béchamel
- 2 cuillères à soupe de beurre
- 1 lb de fromage mozzarella
- goûter le parmesan

Pas

1. Tremper les feuilles de lasagne. Préparez la sauce béchamel. Couper les courgettes en cubes et les faire revenir au beurre
2. Couper l'oignon en cubes et faire revenir, ajouter la tomate également coupée en cubes. Ajouter aux courgettes et mélanger.
3. Pour les lasagnes, mettre d'abord la sauce béchamel, puis une couche de légumes, la mozzarella, répéter cette étape encore 4 fois, terminer par la béchamel et le parmesan. Cuire au four à 220 C pendant 20 minutes
4. Laisser gratiner et servir très chaud. Pour une autre option, vous pouvez ajouter du bacon, du thon ou du jambon aux légumes.

28. LASAGNE

Ingrédients

- poitrine de volaille
- boeuf haché ou effiloché
- au goût Tomate mûre
- Pâte de tomate
- gros oignon
- Scallion
- Fromage à la crème double
- Thym et laurier
- Pâtes à lasagnes
- Sel poivre et Magui
- Sauce béchamel

Pas

1. Le poulet et la viande sont cuits dans un récipient avec du thym et du laurier; pendant ce temps dans un autre récipient

mettre les tomates à cuire avec un peu de sel et une pincée de bicarbonate avec un peu d'eau.

2. Les oignons sont finement hachés, à la fois longs et à grosse tête, et frits à feu doux.

3. Après que les tomates soient bien cuites, elles sont préparées pour les liquéfier et ajouter aux oignons préalablement frits avec une quantité de concentré de tomate et si vous voulez pour une meilleure saveur ajoutez un peu de l'eau où les viandes ou le poulet ont été cuits, Magui à goût, ail, sel, poivre et un thym et une feuille de laurier.

4. D'autre part, les pâtes pour lasagnes sont précuites dans de l'eau chaude jusqu'à l'obtention d'une texture douce et le poulet et la viande sont déchiquetés dans des récipients séparés.

5. Après avoir fait tout ce qui précède, nous devons ajouter le ragoût à la viande et au poulet en quantité au goût et nous devons assembler les lasagnes.

6. Une couche de pâtes pour lasagnes est mise dans le récipient et un peu de sauce béchamel est ajoutée, on continue avec une couche de fromage et une couche de viande, encore une couche de pâtes avec sauce béchamel et fromage suivi d'une couche de

poulet et ainsi de suite au. jusqu'à ce que les couches souhaitées soient atteintes et que cela se termine par une couche de pâtes et une double couche de fromage avec de la sauce béchamel et nous enfournons pendant 25 minutes.

29. LASAGNE D'AUBERGINES AU BOEUF HACHÉ

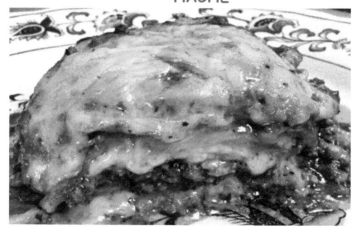

Ingrédients

- 1-2 aubergines si elles sont grosses. S'ils sont petits environ 6
- 1 livre de viande hachée avec sa bonne préparation
- Pâte de tomate
- Origan
- Laurier

- Beurre
- Ail
- Le sel
- Fromage mozzarella
- Parmesan

Pas

1. Si vous le souhaitez, vous pouvez éplucher un peu les aubergines puis les couper en tranches. Ces feuilles sont plongées dans l'eau avec de l'ail préalablement macéré.

2. Après cela, ils sont égouttés avant d'être frits dans du beurre des deux côtés, alors qu'ils sont prêts à être assemblés plus tard. S'ils sont sortis de l'eau, ils ont tendance à devenir amers, c'est pourquoi après avoir été coupés, ils doivent être ajoutés avec du sel et aller dans l'eau.

3. La viande hachée doit être juteuse avec la pâte de tomate et en plus la préparer au goût, avec les légumes mélangés de votre choix, sans oublier d'ajouter de l'origan, du laurier et du sel.

4. Après avoir tout préparé, le moule est graissé et procède à l'assemblage, d'abord une couche d'aubergine, suivie d'une autre couche de viande hachée et de fromage mozzarella et ainsi de suite jusqu'à finir

avec une couche d'aubergine et le fromage mozzarella et le parmesan sont laissés sur le dessus si ils veulent.

5. Ce moule est cuit à 160° pendant 30 minutes, laissez reposer et il sera prêt à être dégusté.

30. LASAGNE MIXTE, AVEC SAUCE AU FROMAGE ET À L'AIL

Ingrédients

- Sauce au fromage à l'ail (recette ci-dessus)
- 1 livre de boeuf haché
- Au goût Paprika, poivre, curcuma, ail et sel
- 1 1/2 tasse d'eau
- 12 feuilles de pâtes pour lasagnes

- 12 halles aux poissons Parmesan

Pas

1. Dans un bol, faire cuire la viande hachée avec les épices, lorsqu'elle est bien cuite, ajouter l'eau et 2 cuillères à soupe de farine. Goûter la saveur. Une fois qu'il est bien cuit et commencer à assembler les lasagnes.
2. Dans le plat allant au four étaler une première couche de sauce à l'ail et au fromage, puis les pâtes, le fromage et la sauce à la viande de colida
3. Répétez les couches selon la quantité d'ingrédients dont vous disposez, en terminant par le fromage. Cuire à 180 degrés pendant 25 minutes. Je suis devenu incontrôlable à temps.

31. ROULEAU DE LASAGNE, FARCI À LA MORTADELLE ET FROMAGE MOZZARELLA

Ingrédients

- 7 lames de pâtes, coupées en deux
- 14 feuilles ou tranches de mortadelle de porc (poulet, dinde)
- 14 bâtonnets de mozzarella
- Sauce rouge pour pâtes dans mon livre de cuisine
- au goût de la Mozzarella
- goûter le parmesan
- au goût Origan et paprika doux
- Graines de coquelicot
- Huile d'olive
- Beurre pour vernir le moule

Pas

1. Faites bouillir de l'eau avec une pincée de sel et 1 cuillère à soupe. d'huile végétale, ajouter les feuilles de lasagne et cuire al dente environ 10 minutes. Egouttez et réservez sans les superposer pour qu'elles ne collent pas. Assembler les sachets de mortadelle avec le fromage à l'intérieur et fermer.

2. Enroulez-les ensuite avec la feuille de pâte comme indiqué sur la photo. Vernissez le moule choisi avec du beurre et placez les rouleaux au goût. Baigner généreusement avec la sauce rouge.

3. Ajouter les tranches de mozzarella, le parmesan, l'origan et le paprika doux avec les graines de pavot. Un filet d'huile d'olive ne fait pas de mal du tout. Préchauffer le four à 200 degrés C pendant 10 minutes. Cuire environ 20 minutes ou jusqu'à ce que le fromage soit gratiné. Sortir du four et à l'aide d'une spatule, sans brûler, retirer la première portion. Uffffffff...!

4. Vous ne pouvez pas imaginer comment vous le savez, alors surprenez-moi et donnez-moi

des cœurs. Ils savent que je les aime, avec passion... !!

32. LASAGNE SPÉCIALE

Ingrédients

- 1/2 lb de boeuf haché
- 1/2 lb de porc haché
- 6 tranches de bacon
- 1 boîte de pâtes à lasagne (précuites)
- 1/2 lb de fromage mozzarella
- 1 oignon blanc à grosse tête
- 3 grosses tomates rouges
- 1 tasse de champignons
- 1 tasse de pâte de tomate
- 50 grammes de beurre
- 60 grammes de farine de blé

- 1 litre de lait
- Parmesan
- au goût Origan, laurier et thym
- Sel et poivre

Pas

1. Hacher finement l'oignon et le faire revenir dans du beurre, ajouter la viande et cuire à feu doux.
2. Couper le bacon en morceaux et les tomates en dés, ajouter à la viande
3. Ajouter l'origan, le laurier et le thym, couper les champignons en lamelles et les ajouter à la viande, cuire quelques minutes
4. Ajouter le concentré de tomate et porter à ébullition, épaissir la sauce en ajoutant 2 cuillères à soupe de farine de blé dissoute dans l'eau, il est important d'ajouter la farine en la laissant tomber en un fil et en mélangeant en même temps pour que des grumeaux ne se forment pas .
5. Préparez une sauce béchamel. Mettre le beurre (40 gr) dans une casserole sur feu doux jusqu'à ce qu'il fonde, ajouter la farine (60 gr) d'un coup, mélanger avec le beurre, ajouter le lait et bien mélanger pour ne pas former de grumeaux, sel et poivre. Couvrir

de papier ciré pour qu'il ne forme pas de crème.

6. Lors de la préparation des sauces, mettre les pâtes à lasagnes dans l'eau les rend plus maniables. Pour assembler les lasagnes, mettez d'abord une petite couche de sauce, puis les pâtes à lasagne.

7. Mettre une couche de sauce, mozzarella, sauce béchamel. Répétez les étapes jusqu'à ce que le moule soit rempli

8. Vous devriez avoir entre 4 et 5 couches de pâtes, terminer avec la sauce et le parmesan, cuire jusqu'à ce que les pâtes soient cuites, selon les instructions du fabricant, environ 10 à 20 minutes, cela dépend du type de pâtes que vous utilisez. Je suggère le blé dur. Passer au gratin et servir chaud.

33. LASAGNE BANANE MÛRE

Ingrédients

- deux bananes mûres
- 500 g de mélange bœuf et porc
- deux tomates rouges
- 2 tiges d'oignon de branche
- 1/2 oignon rouge
- 1/2 oignon blanc
- 200 g de pâte de tomate
- Le sel
- huile
- fromage mozzarella
- goûter le parmesan

Pas

1. Couper les bananes en fines tranches. Faire chauffer une poêle avec beaucoup d'huile et faire revenir les tranches de banane une minute de chaque côté

2. Hacher finement les oignons et la tomate et les faire revenir dans une poêle avec un peu d'huile, du sel et du poivre, cuire et ajouter la viande jusqu'à ce qu'elle soit dorée.

3. Prenez un moule adapté au four, et tapissez le fond avec les tranches de banane, puis le fromage et la viande, Répétez la séquence jusqu'à ce que le récipient soit plein. Terminez par une couche de fromage et une autre de parmesan.

4. Cuire au four 30-35 minutes à 180°C / 350°F.

34. LASAGNE À LA VIANDE

Ingrédients

- 2 portions
- 500 gr de boeuf haché
- 6 tranches de fromage
- 4 assiettes de lasagnes
- au goût Moutarde
- au goût Pâte de tomate
- au goût Pâte d'ail
- au goût Sel et poivre
- goûter le persil

Pas

1. Faire revenir la viande avec du sel et du poivre à feu moyen

2. Ajouter le persil, la moutarde, la pâte de tomate et le mélange de pâte d'ail
3. Dans une casserole avec de l'eau bouillie, attendrir les nouilles de lasagne
4. Photo de l'étape 3 de la recette Lasagne à la viande
5. Assembler les lasagnes avec les pâtes, la viande et le fromage par couche
6. Cuire 30 minutes à 180 degrés
7. Et pour profiter

35. LASAGNE AU POULET ET JAMBON

Ingrédients

- 2 cuillères à soupe d'huile
- 3 cuillères à soupe de sel
- 1 gros oignon
- 1/2 poitrine de volaille
- 1/4kg de farine
- deux petits morceaux de beurre
- 1 litre de lait
- 10 tranches de mozzarella
- 10 lignes de jambon
- Poivre
- deux balles de pâtes à lasagne

Pas

1. Mettez la poitrine à bouillir et ajoutez une touche de sel, l'oignon en très petite quantité est haché cru, dans un récipient séparé le beurre est préparé avec un peu d'huile pour qu'il ne brûle pas, quand il est fondu il est ajouté un portion de farine et quand elle est gonflée elle est déjà cuite, ajoutez un verre de lait, puis ajoutez un peu de poivre et de sel, coupez le poulet en petits morceaux comme le jambon, dans un bol placez la sauce, puis le poulet, le jambon et oignon cru

2. Découpé en tranches fromage, puis plus de sauce assez pour tout baigner, une autre couche de pâtes, plus de poulet, jambon, oignon cru et fromage, encore le bain de sauce et enfin une autre couche de pâtes, petits morceaux de poulet, jambon, pressé et enveloppé dans du papier d'aluminium, cuit au four à 375 degrés et prêt à déguster.

36. LASAGNE POMMES DE TERRE ET HARICOTS

Ingrédients

- 400 gr tranché Patate
- 6 tranches de mozzarella
- 150 g de haricots
- 100 gr Oignon blanc
- 120 ml de crème de lait
- 50 ml de pâte d'ail
- au goût Sel et poivre

Pas

1. Couper les pommes de terre et l'oignon en rondelles

2. Mélanger la crème épaisse, le poivre et la pâte d'ail avec une pincée de sel
3. Placer la première couche avec la base de pomme de terre, la crème d'oignon et le fromage
4. Deuxième couche, pomme de terre, haricots, crème et fromage
5. Cuire à 180 degrés couvert pendant 30 minutes
6. Cuire 20 minutes à découvert

37. TOFU ASIATIQUE AUX NOUILLES SOBA

Ingrédients pour 2 portions :

- 2 portions de nouilles soba
- 1 cube (180 g) de tofu nature ou fumé
- 1 petit oignon blanc
- 1 oignon de printemps
- 1 gousse d'ail
- 1 carotte moyenne
- 2 tasses de petits bouquets de brocoli
- ¼ tasse de sauce soja
- 2 cuillères à café de sucre roux
- ⅓ tasse d'eau
- 3 cuillères à soupe d'huile

- sel, poivre au goût

traiter

1. Tofu coupé en bâtonnets étroits et frit dans une poêle dans de l'huile chaude jusqu'à ce qu'il soit doré et croustillant des deux côtés - de préférence ne le déplacez pas, attendez patiemment et regardez-le grésiller. Mettez le tofu fini dans un bol et prenez soin de la sauce.

2. Faites revenir l'ail et les oignons hachés dans la même poêle que vous avez utilisée pour préparer le tofu. Ajouter la sauce soja, la cassonade et l'eau. Portez à ébullition, puis réduisez le feu et laissez l'excès de liquide s'évaporer lentement. La sauce doit être légèrement réduite.

3. Pendant ce temps, faites cuire les pâtes.

4. Mettre le tofu frit sur la poêle avec la sauce et bien mélanger pour que le tout soit recouvert de sauce. Ajoutez-y de minuscules fleurons de brocoli et de carottes râpés à grosses mailles ou à la mandoline.

5. Transférez les pâtes dans la boîte à lunch, versez la sauce de la casserole dans un récipient séparé et emportez le tout avec vous au travail.

38. LASAGNE MIXTE POULET ET VIANDE

Ingrédients

- 500 gr de boeuf haché
- 500 gr de magret effiloché
- 1000 gr gros oignon
- 200 gr de tomate
- ---- Pâtes à lasagnes
- 1 enveloppe Maggie Bolognaise Base
- 1 enveloppe de base de poulet aux champignons Maggie
- Fromage haché pour le gratin
- 4 moules à lasagnes en aluminium

Pas

1. Mixez la tomate et 500 g de grosse tête, ajoutez-la à la viande hachée et faites cuire.

2. Mélanger la base de sauce bolognaise Maggie avec un peu d'eau (un demi-verre) et l'ajouter à la viande, laisser cuire et épaissir.

3. Couper en julienne les 500 g de grosse tête restants, les faire sauter jusqu'à ce qu'ils soient dorés et ajouter le poulet.

4. Mélanger le sachet de base de poulet avec les champignons et l'ajouter au poulet, laisser cuire jusqu'à ce qu'il épaississe, cela est mélangé avec un peu d'eau (un demi-verre)

5. Faites cuire les pâtes pour lasagnes pendant environ 3 minutes dans de l'eau salée, retirez-les et laissez-les refroidir dans de l'eau au climat qui aidera les pâtes à se développer et à être plus al dente.

6. Maintenant, continuez simplement à mouler ou à plaquer.

7. La viande, le fromage, les pâtes, le poulet, le fromage, les pâtes, la viande sont à nouveau superposés et recouverts de fromage.

8. Il est porté au four jusqu'à ce que le fromage dore si vous n'avez pas de four grill au micro-ondes, vous pouvez également.

39. POULET LASAGNE SAUCE ROUGE (RAGÚ)

Ingrédients

- 500 grammes de pâtes à lasagnes précuites
- 3 poitrines de poulet
- 500 grammes de fromage mozzarella coupé en cubes
- 100 grammes de parmesan râpé
- ---- Pour la sauce
- 1 lb de carotte
- 1/2 lb d'oignon blanc à grosse tête
- 1 boîte de pâte de tomate
- 1 cuillère à soupe de sucre
- 2 cuillères à soupe de farine de blé
- Origan, laurier, thym, ail, moutarde, sel et poivre

Pas

1. Couper la poitrine en cubes, les faire mariner avec de l'ail, de la moutarde, du sel et du poivre. Couper un demi petit oignon, faire revenir un peu et ajouter le poulet, laisser sur le feu jusqu'à ce qu'il soit bien cuit.
2. Épluchez la carotte et coupez-la en gros morceaux, coupez le gros oignon et mélangez avec de l'eau, du laurier, du thym, de l'origan et de l'eau. Mettre sur feu doux, laisser réduire, saler et poivrer, rectifier les saveurs et ajouter la farine dissoute dans l'eau pour épaissir un peu la sauce, bien mélanger pour qu'il ne se forme pas de grumeaux.
3. Pour assembler les lasagnes, ajoutez d'abord la sauce rouge dans un moule en pyrex ou en aluminium afin qu'elle recouvre le fond du récipient
4. Mettez une couche de pâtes (même si c'est précuit, je l'hydrate généralement, ça facilite la manipulation)
5. Maintenant une autre couche de sauce et de poulet et de fromage mozzarella
6. Renouveler l'opération jusqu'à ce que le moule soit terminé. Une bonne lasagne doit avoir 5 couches de sauce, terminer par la sauce et le parmesan, cuire au four à 220 C pendant 15 à 20 minutes. Servir chaud

40. LASAGNE À LA VIANDE

Ingrédients

- 300 pâtes pour lasagnes
- 300 grammes de pâte de tomate
- 400 grammes de fromage double crème haché
- 300 grammes de mozzarella râpée
- 2 livres de boeuf haché
- 1 gros gros oignon
- Thym
- Laurier
- Le sel
- Poivre

Pas

1. Mettre le concentré de tomate, l'oignon, 3 brins de thym sans le tronc dans le mixeur, saler et poivrer au goût, mixer.
2. Préparer la sauce dans un bol avec le mélange, la viande et quelques feuilles de laurier, cuire en mélangeant pendant 10 minutes et retirer les feuilles de laurier.
3. Placer les feuilles de pâtes dans l'eau chaude une à une pendant 5 minutes ou jusqu'à ce qu'elles soient bien hydratées.
4. Dans des moules à lasagnes, déposer une feuille de pâtes, une couche de viande et une feuille de fromage double crème hachée, trois couches égales l'une sur l'autre, terminer par une feuille de pâtes et recouvrir de mozzarella râpée.
5. Cuire au four 20 minutes à 180 degrés Celsius.

Ingrédients

- 1 poitrine de poulet
- 1/2 oignon blanc
- Ail 3 dents
- 2 cuillères à soupe de beurre
- 1 boîte ou livre de pâtes pour lasagne
- 1 verre de lait entier
- 2 cuillères à soupe de farine de blé
- 1 tasse de bouillon de base où la poitrine a été cuite
- 1/2 cuillère à café de muscade
- 1 cc de basilic
- 1 cc d'origan
- au goût sel et poivre
- 1 branche de romarin
- 450 grammes de mozzarella
- 1 feuille de laurier

Pas

1. Cuire le magret dans l'eau comme ceci : deux branches de céleri, 1/2 carotte, 1/2 oignon blanc, deux gousses d'ail, réserver le bouillon.
2. La sauce béchamel est faite comme ceci : dans un récipient ou un mixeur ajoutez le lait, la farine de blé, la muscade, le poivre et le sel.
3. Faire fondre le beurre dans une poêle.
4. Ajouter l'oignon et l'ail finement hachés.
5. Ajouter le mélange pour la sauce béchamel.
6. Ajouter la feuille de laurier, l'origan et le basilic, cuire pendant deux minutes, quand il commence à épaissir.
7. Ajouter le poulet et remuer pour mélanger les saveurs.
8. Ajouter 1/2 tasse de bouillon.
9. Dans un endroit réfractaire, placez la première couche de pâtes.
10. Ajouter l'autre moitié du bouillon et la première couche de poulet.
11. Un autre lit de pâtes.
12. Fromage mozzarella râpé.
13. Plus de pâtes et plus de poulet et ainsi de suite jusqu'à construire trois étages.
14. Le dernier étage est garni de fromage.
15. Cuit 20 minutes à 220 degrés Celsius.

16. Puis gratiner 5 minutes. Server

42. LASAGNE AU POULET

Ingrédients

- 100 g de farine
- 1 poitrine de poulet
- Parmesan
- 1 litre de lait
- 1 barre de beurre
- Le sel
- Pâtes à lasagnes
- Verre réfractaire

Pas

1. Cuire la poitrine avec du sel et de l'ail au goût.

2. Passer les pâtes quelques minutes dans l'eau bouillante et les retirer.

3. Dans le blender, mélanger le lait, la farine, le beurre, une pincée de sel et si vous aimez un peu de crème de lait, (mixer jusqu'à ce que tous les ingrédients soient incorporés) porter à feu jusqu'à épaississement.

4. Dans le réfractaire placez une couche de pâtes, puis une couche de poulet effiloché, une couche de fromage et le mélange précédent, encore une couche de pâtes et ainsi de suite jusqu'à ce que deux ou trois couches soient hautes.

5. Faites chauffer le four pendant environ 5 minutes puis portez la vaisselle pendant 45 minutes à 140 degrés.

6. Enfin, sortez les lasagnes du four et dégustez.

43. PÂTES DE POIS VERTS À LA ROQUETTE

Ingrédients

- sel
- 250 g de penne de pois verts
- 90 g de roquette
- 5 cuillères à soupe d'olives noires dénoyautées
- 125g de mozzarella
- 2 cuillères à soupe d'huile d'olive
- 1 cuillère à soupe de vinaigre balsamique
- 1 cuillère à café de mélange d'épices Aglio-e-olio
- poivre
- poudre de paprika chaud

- 2 cuillères à soupe de mélange de base

Étapes de préparation

1. Portez 2 litres d'eau à ébullition, salez et faites cuire les petits pois dedans pendant 6 minutes. Puis égoutter, égoutter et laisser refroidir.
2. Pendant ce temps, nettoyez la roquette, lavez-la et secouez-la pour la sécher. Trancher les olives. Égoutter la mozzarella et la couper en cubes.
3. Mélanger la vinaigrette avec de l'huile d'olive, du vinaigre, du sel, de l'Aglio-e-olio, du poivre et de la poudre de paprika. Ajoutez un peu d'eau si vous le souhaitez.
4. Mélanger les penne avec la roquette, saupoudrer d'olives, de mozzarella et du mélange de noyaux et arroser de vinaigrette.

44. LASAGNE SANS FOUR

Ingrédients

- feuilles de pâtes à lasagne (8)
- Blanc de volaille
- Le bœuf haché
- deux tomates
- Pâte de tomate ou sauce tomate
- deux gros oignon
- Ail haché
- Couleur
- Fromage haché
- Fromage râpé
- Le sel

Pas

1. Cuire la poitrine puis la râper puis la faire frire avec la tomate et l'oignon en dés,

ajouter l'ail et le sel au goût et une touche de couleur.

2. Faites de même avec la viande hachée, faites cuire et faites frire avec de la tomate, de l'oignon, de l'ail et du sel (j'ai ajouté un peu de chapelure ou vous pouvez utiliser du pain grillé) puis mélangez la viande déjà cuite avec la poitrine que nous avions préalablement faite.

3. Dans une poêle à feu doux, ajouter la pâte de tomate ou la sauce au mélange de viande et de poulet et laisser reposer environ 5 minutes.

4. Pour cuire les pâtes à lasagne, mettez une casserole d'eau à bouillir, quand elle bout, ajoutez les feuilles pas plus de 5 minutes, en la faisant ramollir et placez-la horizontalement et verticalement pour qu'elle ne colle pas. Sortez les pâtes et mettez chacune séparément dans de l'aluminium pour qu'elle ne colle pas

5. Sur une poêle, commencez à préparer les lasagnes, couche par couche, la protéine, le fromage haché et les pâtes. Au dernier ajouter le fromage râpé, couvrir pendant 5 minutes jusqu'à ce qu'il fonde et c'est tout.

45. LASAGNE À LA VIANDE SANS FOUR

Ingrédients

- 1 poivron vert
- 1 poivron rouge
- 1 carotte
- 2 dents Ail
- deux gros oignons
- 1 1/2 boîte de purée de tomates
- 1 paquet de pâte à lasagne
- 500 ml de sauce béchamel
- 400 gr de boeuf haché
- 400 g de porc haché
- 400 g de fromage frais
- 100g de parmesan

Pas

1. Hacher les légumes

2. Dans une casserole mettre un peu d'huile et de beurre à chauffer
3. Ajouter ensuite l'oignon, le poivron et l'ail
4. Quand c'est cuit (oignon transparent) ajouter la carotte et le concentré de tomates
5. Ajouter le boeuf haché en séparant par petits morceaux
6. Ajouter les assaisonnements au goût, j'ai utilisé : feuille de laurier, sel, bouillon de légumes, origan, poivron rouge et poivre noir
7. Mélanger le tout et cuire environ 1 heure pour que les ingrédients soient bien intégrés. Remuer de temps en temps
8. Cette étape est uniquement si vous souhaitez faire les lasagnes sans four, ou utiliser le four juste pour les faire dorer : portez de l'eau à ébullition dans une casserole avec du sel et de l'huile et ajoutez les pâtes deux à une.
9. Assemblez les lasagnes !
10. Mettre un peu de sauce puis les pâtes qui recouvrent le réfractaire ou la poêle, mettre une généreuse couche de sauce, de cream cheese et recommencer
11. Mettez la dernière couche de pâtes, ajoutez la sauce blanche, le fromage à la crème et le parmesan

12. Si vous avez un four, vous pouvez le mettre quelques minutes pour que le fromage fonde et brunisse.

46. GÂTEAU AUX BANANES

Ingrédients

- 3 bananes mûres
- 4 sandwichs veleños
- 7 tranches de fromage à la crème
- 7 petits moules à lasagnes

Pas

1. Choisissez 3 bananes mûres, pelez et faites cuire avec suffisamment d'eau.

2. Cuire la banane jusqu'à ce qu'elle soit tendre. Réduire en purée les bananes, graisser les moules avec du beurre.
3. Ajouter une fine couche au moule et couper des bandes de sandwich.
4. Ajouter une autre couche de purée de banane et ajouter une tranche de fromage. Cuit jusqu'à ce que le fromage soit doré, servir et accompagner le déjeuner.

47. CRÊPE DE VIANDE AVEC SALADE

Ingrédients

- 3 branches de céleri
- 5 fraises
- 1 crème de lait
- 1 yaourt allégé
- 1 pomme verte en dés
- Facultatif : cacahuètes moulues ou sésame)
- Pâtes à lasagnes
- 250 grammes de boeuf haché
- Légumes mélangés (Albergas, carottes, haricots) cuits
- Pâte de tomate
- Fromage paysan ou allégé

Pas

1. Cuire la viande dans un bol d'eau avec du sel et du poivre au goût.
2. Lorsque la viande est prête, mélanger avec les légumes mélangés et la pâte de tomate.
3. Cuire les pâtes à lasagnes 10 min.
4. Assembler la crêpe avec 3 couches de lasagne et 2 de viande (facultatif ajouter du jambon ou du fromage intercalaire) et entre les couches ajouter la crème de lait et sur le dessus du fromage râpé et couvrir complètement de crème de lait. Cuire jusqu'à l'obtention de la consistance désirée des pâtes. Recommandé 20 min.
5. Hacher le céleri, la pomme, les fraises en dés, écraser les cacahuètes et mélanger le tout avec le yaourt et la moitié de la crème de lait.

48. LASAGNE À LA VIANDE

Ingrédients

- 1 paquet de lasagnes ou de nouilles wonton
- 250 gr de mozarrona râpé
- Sauce béchamel
- 1/2 litre de lait
- 1/4 tasse de farine
- 1 cuillère à café de poivre
- 1/2 cuillère à café de muscade (facultatif)

Au goût Sel

- Sauce de viande
- 1/2 Kg de boeuf haché spécial
- 1 cuillère à café de poivre
- 1/2 cuillère à café de cumin
- 1 cuillère à café d'ajinomoto

- 1/2 tasse d'oignon
- 1/4 tasse d'huile
- 1 enveloppe Pomarola

Pas

1. Pour préparer la sauce à la viande, ajouter l'huile et l'oignon à frire. Placer ensuite la viande, le poivre, le cumin et cuire jusqu'à ce que la viande soit cuite. À la fin, ajoutez la sauce Pomarola et l'ají-no-moto. Retirer du feu et réserver.

2. Pour préparer la sauce blanche, porter le lait à ébullition et ajouter progressivement la farine en remuant le mélange. Ajouter le sel, le poivre et la muscade en remuant le mélange jusqu'à ce qu'il épaississe. Retirer du feu et réserver.

3. Placez les nouilles ou la pâte wonton dans de l'eau chaude pendant 30 secondes, retirez-les et placez-les sur une surface séparée ou un linge de cuisine sans se chevaucher.

4. Assemblage des lasagnes : Déposez d'abord une couche de viande, puis une couche de sauce blanche et en troisième la couche de fromage râpé. Répétez dans cet ordre 2 fois de plus. À la fin, ajoutez une couche supplémentaire de fromage râpé.

5. Placer dans un four préchauffé à 180°C pendant environ 40 minutes.

49. LASAGNE MÛRE À LA VIANDE

Ingrédients

- Le bœuf haché dépend du nombre de portions, calculez
- moutarde
- Pâte de tomate
- sel et poivre
- roucou
- cumin
- deux graines d'ail ou pâte d'ail
- Sauce douce
- Beurre
- 1 tasse de lait

- 2 cuillères à soupe de fécule de maïs

Pas

1. Retirez les mûres de leur peau, coupez-les en 2 et faites-les bouillir jusqu'à ce qu'elles soient molles et jaunes.
2. On retire l'eau de l'eau bouillie et on les écrase, on ajoute une pincée de sel et 1 cuillère à soupe de beurre et quand tout est intégré (écraser ou écraser quand la mûre est chaude)
3. Dans une casserole, nous mettons la viande qui a déjà de la moutarde, de l'ail, du roucou, du cumin, du sel assaisonnez à votre convenance, lorsque la viande est dorée, nous mettons 3 cuillères à soupe de concentré de tomate et éteignons le feu
4. J'utilise un petit moule en aluminium mais cela dépend de la quantité qui fera plusieurs la taille du moule, je mets une couche de mûre et une autre de viande et l'autre de mûre.
5. Pour la sauce blanche on fait chauffer une marmite on met 2 cuillères à soupe de beurre et on mélange la tasse de lait et les 2 cuillères à soupe de fécule de maïs quand la fécule de maïs est bien incorporée avec le lait, on la met dans la marmite avec le beurre

et remuer constamment jusqu'à ce qu'elle est épais Ce sera prêt, nous ajoutons du sel et du poivre au goût, nous ajoutons la sauce blanche au fromage mozzarella râpé mûr et facultatif et le mettons au four pendant 10 minutes.

50. LASAGNE AU POULET, ÉPINARDS ET FROMAGE

Ingrédients

- 12 assiettes de lasagnes précuites
- 300 grammes d'épinards lavés
- 1 oignon
- deux poitrines de poulet bouillies et effilochées
- 8 cuillères à soupe de sauce tomate maison

- 500 ml de sauce béchamel
- 200 grammes tranchés fromage mozzarella
- Huile d'olive
- Le sel

Pas

1. Préchauffer le four à 220.
2. Hachez l'oignon et faites-le frire jusqu'à ce qu'il soit transparent.
3. Ajouter les épinards et cuire jusqu'à ce que toute l'eau qu'ils libèrent s'évapore.
4. Ajouter le poulet aux épinards et à l'oignon.
5. Ajouter la béchamel et mélanger.
6. Préparez les pâtes en suivant les instructions et une fois qu'elles sont prêtes, commencez à assembler les lasagnes. (Cela dépend de la marque; il aura des instructions différentes).
7. Dans un plat allant au four, déposer un peu de béchamel, puis disposer les assiettes de lasagnes, puis la garniture et le fromage. Répétez et terminez par une couche de pâtes.
8. Dans la dernière couche de pâtes, étaler la sauce tomate. Étaler plus de fromage.
9. Cuire les lasagnes jusqu'à ce qu'elles soient dorées et que le fromage fonde (environ 40 minutes je l'ai fait).

10. Lorsque vous sortez les lasagnes du four, laissez-les chauffer quelques minutes avant de servir afin qu'elles ne se désagrègent pas au moment de servir. Bon appétit.

CONCLUSION

Les pâtes sont farcies, bon marché, rapides à cuisiner et délicieuses ! Les pâtes peuvent faire partie d'une alimentation absolument saine. Les pâtes fraîches garnies de légumes copieux, d'herbes et d'huile d'olive sont un aliment de base de la cuisine méditerranéenne et sont absolument délicieuses.

Lightning Source UK Ltd.
Milton Keynes UK
UKHW020940050921
389903UK00006B/52